글

역사는 큰별쌤 최태성 | 큰별쌤 최태성 선생님은 한국사를 가르칠 때면 슈퍼 파워를 내뿜는 열정적인 대한민국 1등 한국사 선생님입니다. 우리가 역사를 왜 배워야 하는지, 역사 속 사람들과 어떻게 대화하고 소통해야 하는지를 알려주시죠. 큰별쌤과 함께라면 역사는 더 이상 지루하고 어려운 과목이 아니랍니다. 역사를 웃음과 감동이 넘치는 재미있는 이야기로 만드시는 능력이 있으시거든요. 큰별쌤은 어린이부터 어른까지 한국사를 공부하고 싶은 사람 모두를 돕고 싶다는 마음으로 모두의 별별 한국사 연구소장이 되셨어요. 그리고 EBS와 모두의 별별 한국사 사이트, 유튜브 채널 최태성 1TV와 2TV에서 한국사 무료강의를 선보이고 있죠. TV와 라디오 등 방송을 통해서는 남녀노소 모두를 위한 역사 교양을 살뜰히 챙겨주시며 대중과 소통하고 있습니다.

윤소연 | 어릴 때부터 글을 쓰는 사람이 되고 싶어 방송국에서 구성작가로 일했습니다. EBS 어린이 범죄예방 드라마 '포돌이와 어린이 수사대', 한·중 합작 어린이 종합 구성물인 '렌과 쥴리의 찌무찌무 탐험대'를 썼고요. 지은 책으로는 『네 맘대로는 이제 그만』, 『갯벌아 미안해』, 『나는 다섯살, 소망반 선생님입니다』가 있습니다. 글 쓰는 즐거움에 행복한 나날을 보내고 있습니다.

그림

똥작가 신동민 | 대학에서 만화와 시각 디자인을 공부해서가 아니라 타고난 재치와 천재적인 예술적 감각으로 재미터지는 그림만을 선보여주시는 그림 쟁이. 쓰고 그린 책으로는 『똥까페』, 그린 책으로는 『최진기의 경제상식 오늘부터 1일』, 『용어사회 600』 등 무수한 작품을 배출하였습니다.

감수

모두의 별별 한국사 연구소 | 큰별쌤 최태성 선생님과 역사를 전공한 선생님들이 함께 우리 모두를 위한 별의 별 한국사를 연구하는 곳입니다. 어린이부터 성인까지 재미있고 즐겁게 공부할 수 있는 역사 콘텐츠를 만들기 위해 모두의 별별 한국사 연구소의 불은 밤늦게까지 환하게 빛나고 있습니다.

강승임 | 이화여자대학교 신문방송학과를 졸업하고 동대학에서 교육학 석사 학위를 받은 교육자입니다. 독서와 글쓰기를 주제로 한 다수의 교육서와 어린이·청소년 교양서를 집필한 작가이기도 합니다. 대표 저서로는 『꼬리에 꼬리를 무는 엄마표 독서기차』, 『긍정의 말로 아이를 움직이는 글쓰기책』, 『나만의 독서록 쓰기』 등이 있습니다.

큰★별쌤과 우리 아이 첫 놀이 한국사

못말리는 한국사 수호대 4

미션: 신라를 위기에 빠뜨린 번개도둑을 잡아랏

등장인물

영상으로 만나는
한국사 수호대

강산

호기심 많은 꼬마탐정

취미 ★ 탐정놀이
특기 ★ 메모하기
아끼는 보물 1호 ★ 탐정수첩

사건의 실마리가 될 만한 사소한 일도
모두 탐정수첩에 적는다.
관찰력이 뛰어나 주위를 잘 살핀다.

머리에 책이 들어있는 듯 똑똑한 명랑 소녀

취미 ★ 책읽기
특기 ★ 궁금한 거 질문하기
아끼는 보물 1호 ★ 만능시계

궁금한 건 절대 못 참는 성격 탓에 역사를 지키고
번개도둑도 잡기 위한 시간 여행을 떠나게 된다.

바다

마음이 따뜻한 역사 선생님

취미★ 배부르게 먹기
아끼는 보물 1호★ 이 땅의 모든 아이들

듬직한 성격과 체력으로 침착하게 강산, 바다, 핑이를 보호한다.

큰★별샘

덩치는 작지만 용감한 강아지

취미★ 킁킁대기, 먹기
특기★ 달리기, 점프하기, 왈왈 짖어대기
아끼는 보물 1호★ 맛있는 간식

"쾅" 하는 큰 소리를 무서워한다. 번개도둑 냄새에 민감하다.

핑이

번개도둑

보물을 훔쳐 역사를 바꾸는 악당

취미★ 도둑질
특기★ 숨기, 약 올리기
지금 아끼는 보물 1호★ 진흥왕 순수비, 첨성대

<u>변덕스러워서 갖고 싶은 보물이 자주 바뀜</u>☆

번개가 치면 주문을 외우고 순간 이동을 한다. 온몸을 꽁꽁 싸매 정확한 생김새를 아무도 모른다.

지난 이야기

어느 날, 강산이는 2층 다락방에서 무전기를 발견했어요. 무전기에서는 번개도둑들의 대화가 흘러나오고 있었어요.

강산이에게 번개도둑 이야기를 들은 큰별쌤은 깜짝 놀랐어요.
"번개도둑은 보물을 훔쳐 역사를 망가뜨리는 악당이야. 온몸을 꽁꽁 싸매고 있지."

✨얄라뱡뱡 얄라봉봉 잠긴 시간의 문아, 번개의 힘으로 열려라 번쩍번쩍!✨
번개도둑이 주문을 외우자 시간의 문이 열렸어요.

번개도둑을 따라 시간의 문으로 들어간 한국사 수호대! 번개도둑으로부터 보물을 지켜 낼 수 있을까요?

문 안의 세계는 지금으로부터 아주 먼 옛날, 백제로 이어져 있어요.

백제 근초고왕 시대로 온 번개도둑이 칠지도를 훔쳐 달아났어요.

번개도둑이 한눈을 파는 사이 핑이가 잽싸게 상자를 바꾸었어요. 화가 난 번개도둑이 검은 구름을 부르자 무섭게 번개가 쳤어요.

이번엔 번개도둑이 금동 대향로를 엉망으로 만들려고 해요.
번개도둑이 빨간 가루를 뿌리자 금동 대향로 속 동물들과 백제 사람들이 달아나 버렸어요.
"콜록콜록. 으악 매워!"

한국사 수호대는 번개도둑을 잡지는 못했지만 백제의 보물을 모두 지켜 냈어요.
그리고 빗을 얻었어요.
빗은 신라 시대에서 위기에 빠진 한국사 수호대를 도와줄 물건이랍니다.

번개도둑 몽타주 완성하기

백제에서 번개도둑이 쓰고 있던 선글라스를 벗겨 냈어요.
이제 번개도둑의 머리 모양, 손 모양, 눈 모양까지 알아냈어요.

힌트
1. 붉은 갈색의 뽀글뽀글 엉켜 있는 파마머리
2. 짧고 통통한 손가락, 북슬북슬 털이 많은 손등
3. 날카롭게 찢어진 눈, 눈 밑에 있는 큰 점

1번

2번

3번

4번

퍼즐 맞추기 놀이를 하던 바다와 강산이 옆으로 큰별쌤이 다가왔어요.

강산이가 어깨를 으쓱대며 물었어요.

"천天마도는 흰 말을 그린 그림이지요?"

"천마도는 천마총이라는 무덤에서 발견된 말다래에 그려진 그림이란다. 말다래는 말을 탈 때 진흙이 튀지 않게 막아주는 것이지."

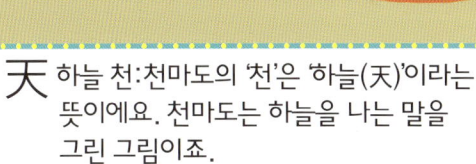
天 하늘 천 : 천마도의 '천'은 '하늘(天)'이라는 뜻이에요. 천마도는 하늘을 나는 말을 그린 그림이죠.

창가에서 낮잠을 자던 핑이가 갑자기 왈왈 짖었어요.

한 방울 두 방울 비가 떨어지더니 얼마 뒤 우르르 쾅쾅 번쩍!

번개가 치자 치지직 치지직. 무전기에서 소리가 들렸어요.

"무전이 다시 시작됐어요!"

잔뜩 흥분한 강산이와 바다가 귀를 쫑긋 세웠어요.

"**치**지직 치지직. 나는 번개도둑! 거기 꼬마, 들리는가?"

무전기에서 번개도둑의 목소리가 들렸어요.

"그래. 잘 들린다! 백제에서 널 잡았어야 했는데!"

"으흐흐. 너희가 날 잡을 수 있을 것 같아? 난 이미 신라의 역사를 망쳐 놨어. 신라를 열게 하는 신비로운 말에게 장난을 쳐 놨지! 아마 되돌릴 수 없을 거야."

"신라의 역사를 제발 망치지 마. 번개도둑! 거기 꼼짝 말고 있어. 내가 잡으러 갈 테니까."

무전기가 갑자기 뚝 끊겼어요.

하늘을 보니 비가 그치고 다시 맑아졌어요.

"번개도둑이 벌써 일을 벌인 것 같아요!
 신라 시대가 없어지면 어쩌죠?"
바다의 두 눈에 눈물이 가득 고였어요.

"걱정하지 마. 번개도둑의 말 속에 *힌트가 있단다.

신라를 열게 하는 신비로운 말"

다급해진 강산이가 큰별쌤을 간지르며 말했어요.

"우리 빨리 신라 시대로 떠나요.
 번개도둑의 계획을 반드시 막을 거예요!"

큰별쌤 가슴에 그려진 노란색 별이 반짝이고,
옷장 안에 시간의 문이 만들어졌어요.

 강산이, 바다, 큰별쌤, 핑이는 그 안으로 쑹~
미끄러져 이동했어요.

*힌트 : 어떤 일을 풀어 나갈 수 있는 도움말이에요.

신라를 연 박혁거세

큰별쌤과 강산, 바다, 핑이는 작은 마을의 우물가 옆으로 떨어졌어요.

검은 말 한 마리가 꿇어 앉아 자줏빛 알을 보며 절을 하고 있었어요.

"검은 말 때문에 나쁜 일이 생길 거야. 죽여야 해!"

마을 사람들이 둥글게 모여 웅성웅성 수군댔어요.

"안 돼요! 이렇게 예쁜 말을 죽일 순 없어요."

바다가 사람들 틈에서 불쑥 튀쳐나오며 소리쳤어요.

"새하얀 털이 자고 일어나니 새까맣게 변했어. 이 말은 정말 *불길해."

"하얀 털이 갑자기 까맣게 됐다고요?"

사람들의 말을 들은 바다는 고개를 갸우뚱거렸어요.

*불길하다: 운이 좋지 않다는 뜻이에요.

"**큰**별쌤, 번개도둑이 꾸민 일인 거죠?"

"이 말이 신라의 *시조를 있게 한 신비로운 말인 것 같구나."

바다가 사람들 앞으로 씩씩하게 걸어 나왔어요.

"말을 죽이지 마세요! 제가 말을 원래대로 되돌려 놓을 수 있어요."

눈썹이 하얀 남자가 바다를 막아서며 무섭게 말했어요.

"무슨 수로 검은 말을 갑자기 하얗게 만들겠단 거냐?"

바다가 말의 털을 손으로 스윽 만지자 바다의 손이 까맣게 물들었어요.

"이건 먹물이에요. 물을 부으면 새하얀 털로 돌아올 거예요!"

마을 사람들이 힘을 합쳐 우물에 있는 물을 퍼 올려 말에게 부었어요.

*시조: 한 나라나 한 민족의 맨 처음 조상이에요.

"이 말을 죽이면 안 돼요!"

까만 먹물을 씻겨 내자 흰 말로 되돌아왔어요.

강산이는 백제에서 얻은 빗으로 말의 털을 곱게 빗어 주었어요.

"그동안 얌전히 있어 줘서 고마워!"

바다가 쓰다듬자, 흰 말은 길게 울음소리를 내며 하늘로 올라갔어요.

말이 있던 자리에는 자줏빛의 큰 알만 남았어요.

알은 조금씩 금이 가더니 와르르 깨졌어요.

깨진 알에서 건강한 사내아이가 나왔어요.

"하늘이 내려 주신 아이로군!"

마을 사람들은 알 속에서 태어난 아이를 보며 기뻐했어요.

박혁거세

번개도둑보다 빨리 이름을 찾아 불러 주었어요.

"너희들 덕분에 박혁거세가 무사히 신라의 첫 번째 왕이 되었구나. 박혁거세는 이름처럼 어질고 지혜롭게 신라를 다스리게 될 거야."

큰별쌤이 바다와 강산이, 핑이를 칭찬하며 환하게 웃었어요.

그치만 번개도둑은 자신의 계획을 망쳐 버린 한국사 수호대가 미웠어요.

"나 잡아 봐~"

번개도둑이 나무 아래서 엉덩이를 흔들고 있었어요.

큰별쌤, 바다, 강산, 핑이가 번개도둑을 잡으러 뛰어가던 순간

"으아악!"

번개도둑의 꾀에 속아 몸을 움직일수록 더 깊게 진흙탕 속으로 빠져들었어요.

달그락 달그락 말발굽 소리와 '이럇! 달려라' 우렁찬 남자의 목소리가 들려왔어요.

바다와 강산이가 큰 소리로 도움을 청했어요.

남자는 화려한 왕관을 쓰고 천마도가 그려진 *말다래가 드리워진 말을 타고 달려왔어요.

"나는 신라의 왕입니다. 내 손을 잡으세요."

진흙탕에서 빠져나온 바다와 강산이가 엄지를 추켜 올리며 말했어요.

"고맙습니다. 말다래가 참 멋집니다."

*말다래: 말을 탈 때 흙이 튀지 않게 가리는 가리개에요.

얼마 후 왕이 죽었다는 슬픈 소식이 들려왔어요.

큰별쌤은 아이들을 데리고 왕에게 작별 인사를 하러 갔어요.

많은 사람들이 무덤 앞에 모여 슬퍼하고 있었어요.

"참으로 어질고 훌륭한 왕이었어. 편안히 잠드셔야 할 텐데."

"죽은 뒤에도 살아 있을 때처럼 지내시도록 쓰시던 왕관이며 보물들도 함께 묻었다네."

번개도둑이 사람들 틈에 껴 몰래 대화를 엿듣고 있었어요.

무슨 *꿍꿍이가 있는지 입꼬리를 씰룩거리면서요.

어둠이 찾아오자 사람들이 하나둘 집으로 돌아갔어요.

바로 그때, 무덤 위에 번개도둑이 모습을 드러냈어요.

*꿍꿍이: 겉으로 보이지 않고 속으로만 어떤 일을 꾸미는 속셈이에요.

"번개도둑이 백제 무령왕릉에서처럼 무덤 속 보물을 훔치려나 봐요."

강산이가 떨리는 목소리로 말했어요.

"번개도둑은 보물을 훔칠 수 없을 거란다."

큰별쌤은 무덤의 비밀에 대해 이야기해 주었어요.

"신라의 무덤은 나무와 돌, 흙으로 두껍게 쌓은 *돌무지덧널무덤이란다."

> *돌무지: 무덤을 보호하기 위해 무덤 둘레에 쌓아 둔 돌 더미를 말해요.

큰별쌤과 강산이가 풀숲에 몸을 숨기고 번개도둑을 감시하는 동안 바다와 핑이는 사람들에게 번개도둑이 왕의 무덤을 파헤치고 있다는 사실을 알렸어요.

번개도둑은 흙과 돌을 힘들게 걷어 내며 투덜거렸어요.

"에잇! 돌들이 계속 나오네."

그때 사람들이 우르르 달려왔어요.

번개도둑은 걸음아 나 살려라 멀리 도망갔어요.

무덤을 지켜 낸 한국사 수호대는 진흙탕에서 구해 주었던 은혜를 갚아 기쁜 마음으로 돌아갈 수 있었어요.

"이번엔 우리가 꾀를 내어 번개도둑을 불러 볼까?"

검은 구름이 잔뜩 낀 하늘을 보며 큰별쌤이 말했어요.

얼마 후 비가 내리자, 치지직 치지직.

무전기가 켜졌어요.

"진흥왕이 만든 황룡사에 금金동 불상이 있다던데."

"반짝반짝 금으로 만든 불상이래요."

金 쇠 금, 성씨 김 : 금동의 '금'은 금속 금(金)을 뜻해요. 금동은 구리에 금박을 입힌 거예요.

강산이와 바다가 어른 목소리를 흉내 내며 말했어요.

"큰별쌤, 번개도둑이 무전을 듣고 정말 나타날까요?"

"번개도둑은 보물을 탐내는 욕심꾸러기니까 황룡사에 나타날 거야!"

큰별쌤 가슴에 노란 별이 반짝이며 시간의 문이 열렸어요.

한국사 수호대는 떨리는 마음으로 뛰어들었어요.

힘센 나라를 꿈꾼 법흥왕

> *처형식: 죄인을 사형에 처하는 행사를 뜻해요.

한국사 수호대는 발 디딜 틈도 없이 사람들이 꽉 찬 곳으로 떨어졌어요.

"이차돈의 *처형식이 열리는 걸 보니 법흥왕 시대로 왔나 보구나."

큰별쌤이 안타까운 표정을 짓자, 바다가 놀라 물었어요.

"진흥왕을 만나러 가야 하는데, 법흥왕 시대로 온 거예요?"

"쉿! 꼬마야 조용히 하렴. 결국 이차돈의 목이 베어지는구나."

"아저씨, 왜 이차돈을 죽이려 하는 거죠?"

"이차돈이 불교를 믿어야 한다고 말하고 다녀서 그렇다는구나. 꼬마야, 이제 어깨에서 내려오렴."

바다의 질문에 답해 주던 키 큰 사내가 더는 무거움을 참지 못하고 말했어요.

법흥왕은 나라가 강해지려면 왕의 힘이 세져야 한다고 믿었어요.

그래서 '부처가 곧 왕이다'라며 불교를 널리 퍼뜨리려 했어요.

*떵떵거리며 살던 귀족들은 자신들보다 왕의 힘이 더 세지는 것이 못마땅하였어요.

> *떵떵거리다 : 힘이 세다거나 돈이 많다면서 잘난 체하며 함부로 행동하는 것을 뜻해요.

귀족들이 불교를 반대하자, 법흥왕은 이러지도 저러지도 못하였죠.

그때 이차돈이 법흥왕을 찾아와 말했어요.

"제 목을 베면 신비한 일이 일어날 것입니다.

모든 사람들이 부처가 있다고 생각하며 불교를 믿게 될 겁니다."

힘센 나라를 만들기 위해 법흥왕은 어쩔 수 없이 이차돈의 목을 베기로 했어요.

피융! 피융! 피융!

이차돈의 목을 베자 정말 신기한 일이 일어났어요.

목에서 흰 피가 하늘까지 솟아올랐고, 하늘에서는 꽃비가 내렸어요.

"흰 피가 흘러나와요."

"세상에 이럴 수가. 불교를 믿어야 해."

이차돈의 죽음을 지켜본 귀족들도 부처가 있다고 믿게 되었고, 법흥왕의 뜻에 따르기 시작했어요.

"미안하구나. 이차돈의 희생을 잊지 않으리."

법흥왕은 눈물을 흘리며 이차돈을 그리워 하였어요.

큰별쌤과 강산, 바다와 핑이는 이차돈 *순교비가 세워지는 모습을 바라보다 문득 깨달았어요.

"앗! 번개도둑을 만나러 진흥왕이 만든 황룡사로 가야 해."

서둘러 시간의 문으로 슈웅 뛰어들었어요.

* 순교비 : 종교적 믿음을 지키기 위해 목숨을 바친 사람을 기리며 세운 비석이에요.

신라를 가장 넓게 만든 진흥왕

한국사 수호대는 소년들이 무술을 익히고 있는 곳으로 떨어졌어요.

"화랑들이 땀 흘리며 훈련하는 모습을 보니 뿌듯하오!"

"이번 전투에서 승리하기 위해 열심히 노력하고 있습니다."

진흥왕은 용맹한 *화랑의 어깨를 토닥이며 말했어요.

*화랑: 신라 청소년들의 모임. 나라에 충성을 다짐하고 학문과 무예를 갈고닦아요.

진흥왕이 구석에서 웅크리고 있던 큰별쌤과 강산이를 발견했어요.

"거기! 훈련 안 하고 놀고 있는 두 명! 앞으로 나와 보시오. 옷차림이 이상한데? 한 명은 나이가 한참 들어 보이고."

진흥왕이 큰별쌤을 의심스러운 눈초리로 보며 물었어요.

"화랑이오? 아니면 화랑들의 훈련을 훔쳐보러 온 적군이오?"

큰별쌤과 강산이가 대답을 못 하고 머뭇거리자 진흥왕이 버럭 소리를 질렀어요.

"아, 아, 아니에요. 화랑 맞아요."

"그렇다면 화랑이라는 증거를 보여 주시오."

큰별쌤이 조심스럽게 이야기를 꺼냈어요.

"사실 저희는 먼 곳에서 온 예언자者입니다.

진흥왕께서는 이번 전투에 승리해서 한강을 차지하게 될 것입니다.

화랑들은 훗날 신라가 삼국을 통일하는 데

큰 힘이 되어 줄 것이고요."

"정말이오? 그 말을 들으니 기분이 매우 좋군요."

"만약 저희가 알려드리는 다섯 가지 규칙을 화랑들에게

익히게 한다면 화랑들이 더욱 강해질 것입니다."

"그것이 무엇이오?"

"바로 세속 오계입니다."

> 者 사람 자 : 예언자의 '자'는 사람(者)이라는 뜻이에요.

저희는 먼 곳에서 온 예언자입니다.

" *세속 오계가 뭐예요?"

강산이가 속삭이며 큰별쌤에게 물었어요.

*세속: 세상이라는 뜻이에요. 세속오계는 화랑들이 세상에서 지켜야 하는 다섯 가지 규칙이에요.

"세속 오계는 화랑들이 지켜야 하는 다섯 가지 규칙이란다. 진흥왕 다음 다음 왕인 진평왕 때 원광법사가 만들었지."

"너희들 덕분에 내가 용기를 많이 얻었다. 고맙다."

큰별쌤과 강산이는 진흥왕과 화랑들에게 작별 인사를 하고 바다와 핑이 곁으로 걸어 나왔어요.

"이제, 번개도둑 찾으러 황룡사로 가 볼까?"

계속 걸어도 끝이 보이지 않는 큰 절 안에서 헤매고 있었어요.
그때 무전기에서 치지직 치지직.
소리가 났어요.

"나를 찾고 있지?
이미 속임수를 눈치챘는걸~
어마어마하게 큰 비석石들을 훔치러 갈 거야.
나 잡아 봐랏!"

石 돌 석 : 비석의 '석'은 돌(石)이라는 뜻이에요.

"번개도둑이 황룡사로 오지 않았나 봐요."
실망한 바다가 고개를 푹 숙였어요.
"얘들아, 아직 기회가 있어. 진흥왕이 세운 네 개의 비석을 알고 있거든."
큰별쌤 말을 들은 강산이가 놀라 입을 쩌억 벌렸어요.

큰★별쌤 추리

한강을 차지한 진흥왕은 네 개의 순수비를 세웠어. 어디어디 세웠는지 함께 찾아보자. 그래야 번개도둑을 잡으러 갈 수 있거든.

보물 ★ 진흥왕 순수비

진흥왕은 신라의 용맹한 왕이었어.

전투를 통해 땅을 계속 넓히고, 그 기념으로 비석을 세웠어.

진흥왕은 자신이 넓힌 땅에 비석을 세워 표시를 해 둔 거지.

"여기 내 땅이다!"라고 말야.

우하하

순수해서 순수비?

임금이 살피며 돌아다닌 곳을 기념하기 위해 세웠다는 뜻에서 순수비.

한국사 수호대가 북한산 꼭대기에 도착했을 때
북한산 순수비를 붙들고 끙끙대는 번개도둑의 모습이 보였어요.
"꼼짝 안 하네. 순수비는 너무 무겁군. 포기해야겠어."
번개도둑이 투덜대며 주문을 외웠어요.
✨얄라뱡뱡 얄라봉봉 잠긴 시간의 문아, 번개의 힘으로 열려라 번쩍번쩍!✨
바위에 커다란 구멍이 만들어졌어요.
"시간의 문이 닫히기 전에 따라가야 해요."
핑이와 강산이가 먼저 뛰어들고, 큰별쌤과 바다가 그 뒤를 따랐어요.

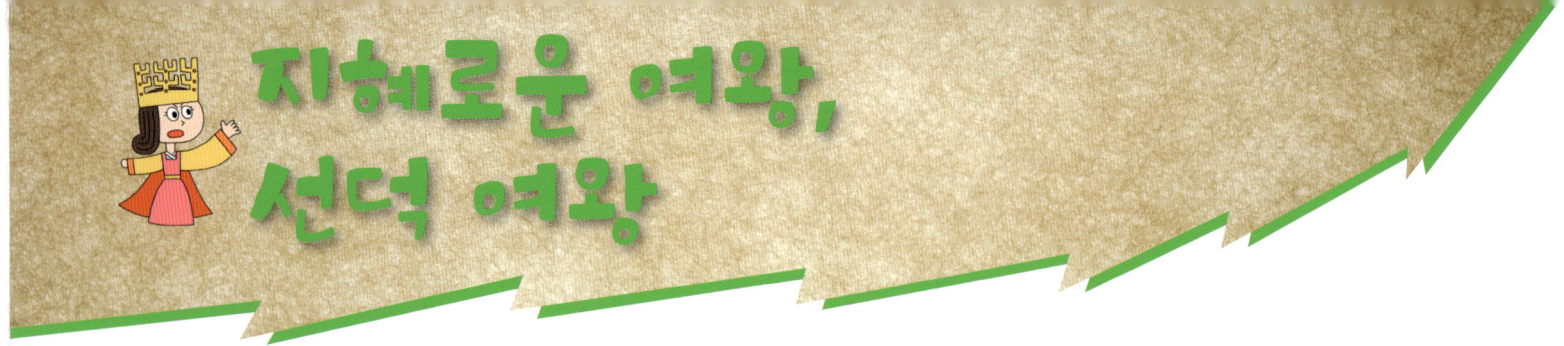

지혜로운 여왕, 선덕 여왕

시간의 문을 통과한 한국사 수호대는 궁궐 안으로 떨어졌어요.
궁궐에는 아름다운 여왕이 있었어요.
신하下가 당나라의 황제가 선물한 그림을 선덕 여왕에게 주었어요.

그림에는 예쁜 모란꽃 그림이 그려져 있었어요.
선덕 여왕은 모란꽃 그림을 보며 말했어요.
"모란꽃은 향기가 없는 꽃인가 보구나."
"여왕님, 그것을 어찌 아셨습니까?"
"그림에 나비가 없기 때문이란다."
신하들은 선덕 여왕의 지혜로움에 감탄했어요.

下 아래 하: 신하의 '하'는 아래(下)라는 뜻이에요.

궁궐 앞 연못가에서
개구리 울음소리가 들려왔어요.
그 소리를 들은 선덕 여왕이 신하에게 말했어요.
"연못 근처에 적이 숨어 있으니
 조용히 군대를 보내거라."
신라군은 연못 서쪽 골짜기에 숨어 있던 백제의 병사들을
먼저 공격하였고, 결국 백제군을 무찌를 수 있었어요.

선덕 여왕의 총명함에 푹 빠진 바다가 큰별쌤에게 물었어요.
"번개도둑이 선덕 여왕이 받은 모란꽃 그림을 훔치러 오지 않을까요?"
"번개도둑은 선덕 여왕처럼 미래를 내다보는
 신비한 보물, 첨성대를 탐낼 것 같구나. 함께 가 보자."

궁궐 밖으로 나오자 검정 물감을 뿌린 듯 하늘이 깜깜했어요.

큰별쌤은 밤하늘에 반짝이는 별을 바라보며 말했어요.

"옛 조상들은 농사를 지을 때 하늘을 보며 도움을 받았어.
하지만 언제 비가 오고 눈이 올지 알 수가 없어서
농사를 망치는 일도 많았지.

그래서 선덕 여왕은 별을 관찰할 수 있는 천문대를 만들었단다.

별을 관찰해서 언제 씨를 뿌리고 거둘지를 정한 거지."

"천문대는 너무도 고마운 보물이네요!"

"앗! 저기, 번개도둑이에요."

번개도둑은 첨성대 중간에 있는 네모난 창에 올라가 있었어요.

큰★별쌤 이야기

번개도둑이 탐내는 신라의 보물은 *첨성대예요.
선덕 여왕은 농사짓는 때를 알고, 하늘의 뜻을 살피고자 첨성대를 세웠어요.

*첨성대: 별을 보는 높은 자리

보물 **첨성대**

첨성대 중간에 있는 네모난 구멍을 통해 안으로 들어갈 수 있어.
사다리를 걸쳤던 흔적이 남아 있기도 해.
여기로 들어가면 아래쪽은 흙과 돌로 차 있고 위쪽은 뚫려 있어.
신라의 천문학자들은 안에서 다시 사다리를 걸치고
꼭대기까지 올라가 별을 보았을 거야.
첨성대를 이루는 돌의 개수,
362개는 1년을 상징해.

깨진 돌 조각 찾아 선으로 잇기

탕그랑 와장창창! 번개도둑은 첨성대를 망가뜨리려 돌들을 끄집어 내어 바닥으로 던졌어요. 떨어진 돌들이 전부 두 동강 나고 말았어요. 깨진 돌 조각을 찾아 맞춰서 첨성대를 원래대로 되돌려 놓아 볼까요?

별을 관측하지 못하도록 첨성대를 망가뜨릴 거야.

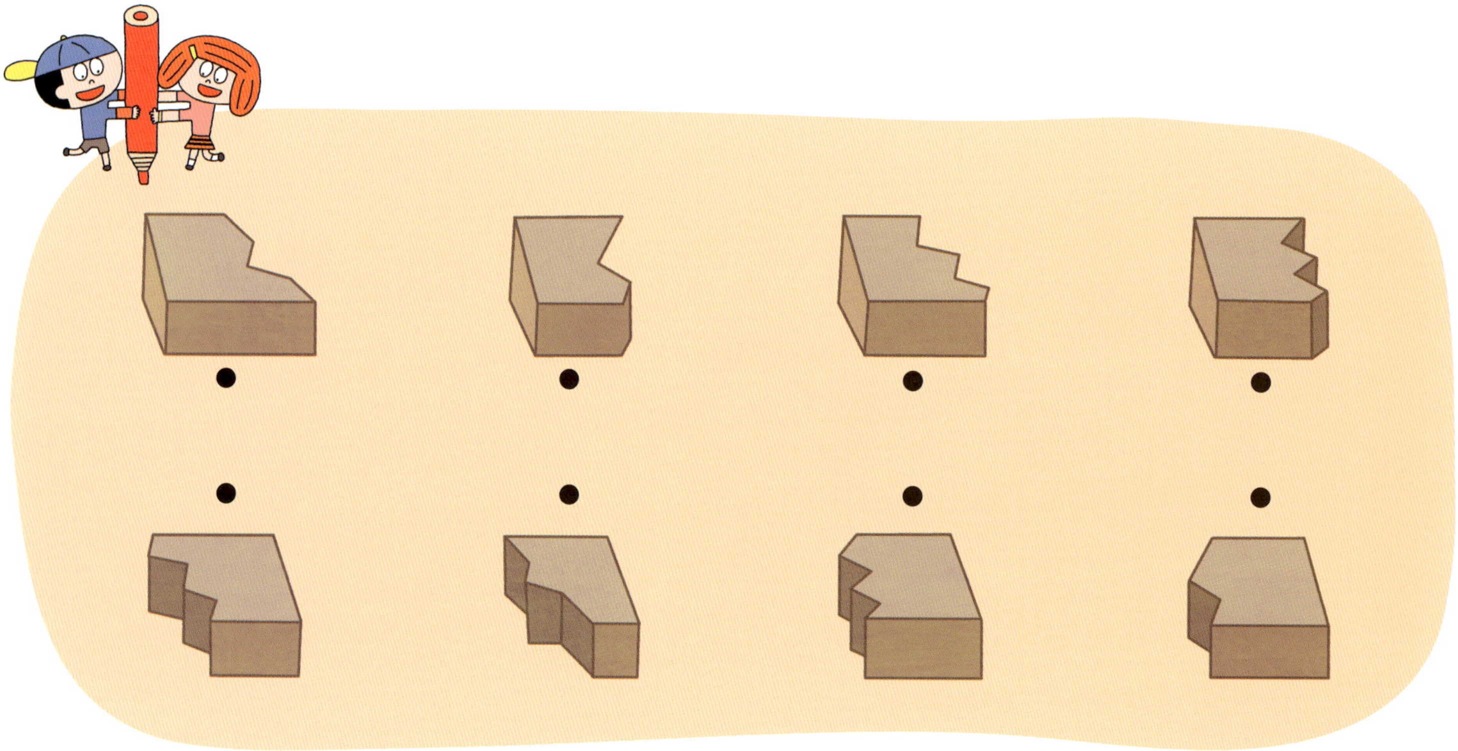

한국사 수호대는 깨진 돌 조각들의 짝을 모두 찾아 번개도둑이 망가뜨린 첨성대를 원래대로 만들었어요.

"이번 대결도 우리가 이겼어. 그만 포기하시지."

강산이가 소리치자 번개도둑이 피식 웃으며 말했어요.

"선덕 여왕이 아끼는 다른 보물을 망가뜨리면 되지롱~ 보물은 아직 많거든."

번개도둑이 후다닥 도망가자 바다가 그 뒤를 쫓으며 시계로 선덕 여왕을 검색했어요.

"선덕 여왕을 위해 지은 절이 있대요."

"헉헉. 부, 분, *분황사."

뛰면서 대답하려니 큰별쌤도 숨이 찼어요.

*분황:부드럽고 향기로운 황제란 뜻이에요.

특명! 분황사 탑을 지켜라

분황사에 도착했지만 한 발 늦었어요.
번개도둑이 이미 분황사 탑을 엉망으로 만들었어요.
번개도둑이 빨간 가루를 뿌리자 탑을 지키는 네 마리의 사자들이 달아나 버렸어요.

"우리가 신라의 역사를 지켜 냈어. 그만 포기하시지."
"너희가 아무리 신라를 지키려고 해 봤자, 백제와 벌인 전투에서
 신라가 지게 될 거야. 내가 어느 장군의 칼을 훔쳤거든.
 제대로 힘을 써 보지도 못하고 *항복할걸?"
번개도둑이 킥킥대며 주문을 외웠어요.

*항복: 전쟁이나 싸움에서 상대편의 힘에 눌려 졌다고 인정하는 거예요.

+얄라뱡뱡 얄라봉봉 잠긴 시간의 문아, 번개의 힘으로 열려라 번쩍번쩍!+

시간의 문이 열리자 번개도둑이 망토를 휘날리며 뛰어들었어요.
"빨리 장군의 칼을 찾아야 해!"
한국사 수호대도 번개도둑을 따라 시간의 문으로 들어갔어요.

삼국 통일의 영웅, 김유신과 김춘추

한국사 수호대는 음침하고 컴컴한 감옥 안으로
떨어졌어요.
 바다가 시계 불빛으로 감옥 안을 비추자 한 남자가
웅크리고 있는 모습이 보였어요.
 큰별쌤이 다가가자 남자가 한숨을 푹 내쉬며 말했어요.
"나는 신라 사람 김춘추입니다.
 고구려의 연개소문이 나를 감옥에 가두었소.
 감옥에서 탈출할 수 있도록 도와주겠소?"
"김춘추요? 설마 여기가 고구려인가요?"
"그렇소. 빨리 내 나라 신라로 돌아가야만 하오.
 백제군이 쳐들어오고 있어 매우 *위급한 상황이오."

*위급: 아주 위험하고 급하다는 뜻이에요.

큰별쌤이 김춘추의 손을 잡으며 말했어요.

"여기서 빠져나가 신라로 돌아갈 수 있게 도와드릴게요."

밤이 되자 병사들이 꾸벅꾸벅 잠이 들기 시작했어요.

강산이가 큰별쌤 옆구리를 살살 간질였어요.

큰별쌤이 하하! 웃자 감옥 벽에 시간의 문이 열렸어요.

김춘추와 한국사 수호대는 서둘러 시간의 문을 통과했어요.

두둥! 전투가 벌어지는 언덕으로 떨어진
김춘추의 어깨를 누군가 탁 잡았어요.
김춘추의 친구인 김유신이었어요.
"이번 전투에서도 백제에게 패한다면 신라가 위험해질 테야.
 고구려가 신라를 도와주지 않고 나 몰라라 하니
 당나라에 도움을 청해야겠어.
 내가 없는 동안 자네가 신라를 꼭 지켜 주게나."
김유신과 대화를 마친 김춘추가 큰별쌤 옆구리를 살살 간질였어요.
큰별쌤이 하하! 웃자 노란 별이 쏟아지며 시간의 문이 다시 열렸어요.
김춘추가 시간의 문으로 뛰어들며 소리쳤어요.
"신비한 구멍아 나를 당나라로 보내 다오."

한국사 수호대는 번개도둑이 숨긴 칼을 찾아 김유신 장군에게 돌려드렸어요.

황산벌 전투에서 승리를 거두자 김유신과 김춘추가 크게 기뻐했어요.

더욱 심술이 난 번개도둑이 소리쳤어요.

"신라는 8년 후에 고구려와 또다시 싸우게 될 거다!
결국 너희들은 당나라에게 무릎 꿇게 될 거야.
내가 신라를 방해하고 괴롭힐 거야."

당황한 김춘추와 김유신이 뒤로 물러서자 큰별쌤이 다가와 말했어요.

"당나라는 약속을 어기고 *한반도 땅을 모두 차지하려고
욕심을 부릴 거예요.
신라는 당나라를 내쫓기 위한 전쟁을 하게 될 거예요.
하지만 신라가 삼국을 통일하는 주인공이 될 거니 너무 걱정 마세요."

*한반도 : 우리나라 땅을 말하는 거예요. 북쪽은 대륙과 연결되어 있고, 동 · 서 · 남쪽은 바다에 접해 있어서 반도라고 하는 거예요.

"당나라에게 우리 땅을 빼앗기게 되나요?"

큰별쌤이 울먹이는 바다를 위로하며 말했어요.

"신라는 앞으로 여러 번의 전쟁을 더 하게 될거야.
고구려, 백제보다 늦게 출발했지만 당나라를 물리치고
통일의 주인공이 되지."

바로 그때였어요.

"으악! 번개도둑 살려!"

살금살금 번개도둑에게 다가간 핑이가 앙-하고 번개도둑 발목을 깨물었어요.

번개도둑이 아파하며 바지를 올렸을 때 강산이는 번개도둑 발목에 새겨진 번개모양 무늬를 보았어요.

시간의 문을 통과한 김춘추는 당나라 황제를 찾아갔어요.

신라를 도와 백제를 물리쳐 달라는 김춘추의 말을 들은

당나라 황제는 무릎을 탁 쳤어요.

고구려 땅을 욕심心내고 있었던

당나라 황제는 신라를 도와

백제를 공격하고 고구려까지도 공격할 속셈이었던 거죠.

당나라 황제와 김춘추는 서로 한편이 되어

고구려와 백제를 무너뜨리기로 약속했어요.

결국, 백제와 신라의 전투가 시작되고 말았어요.

신라의 군대는 군사의 수가 훨씬 많았는데도

백제의 계백 장군이 이끄는 백제군에게 번번이 패해 *사기가 꺾였어요.

心 마음 심: 욕심의 '심'은 마음(心)이라는 뜻이에요.

*사기: 자신감이 넘쳐 기세가 드높은 것을 뜻해요.

그러자 16살의 어린 화랑 관창이 백제군을 향해 당차게 나섰어요.

계백 장군은 관창을 돌려보냈어요.

적군이라고 목숨을 빼앗기엔 관창이 너무 어렸기 때문이었죠.

그런데 관창이 되돌아가 백제군에게 또 소리쳤어요.

"나를 죽이시오!"

"우리 백제를 우습게 보는구나. 다시 돌아와서 죽여 달라니!"

결국 계백은 관창의 목숨을 거둘 수밖에 없었어요.

관창의 죽음을 보고 용기를 낸 신라의 군사들은 온 힘을 다해 백제를 공격했어요.

기세가 오른 신라는 황산벌 전투에서 백제를 무너뜨렸어요.

번개도둑은 물린 발목을 들고 껑충껑충 도망가며 소리를 질렀어요.

번개도둑이 품속에 감춰 둔 주머니를 꺼내 빨간 가루를 뿌렸어요.

"콜록콜록 에취!"

기침과 재채기를 하느라 모두가 정신이 없을 때 갑자기 번개가 치기 시작했어요.

"우르릉 쾅쾅 번쩍!"

어느새 번개도둑은 사라지고 없었어요.

"번개도둑 발목에 번개모양의 무늬가 새겨져 있었어요. 수첩에 그려 두면 번개도둑을 찾기 훨씬 쉬울 거에요."

강산이는 탐정수첩을 꺼내 얼른 번개도둑의 몽타주를 그렸어요.

경주 한 바퀴

신라의 수도 경주에서 보물을 지키기 위한 마지막 대결이 펼쳐지고 있어요.
차례로 퀴즈를 풀어 정답인 보물 카드를 찾아 카드판에 올리면 번개도둑으로부터 신라의 역사를 지킬 수 있어요.

카드판
정답인 보물 카드를 찾아 올려주세요.

나는 누구일까요?
어? 내 칼이 어디 갔지?

카드판
정답인 보물 카드를 찾아 올려주세요.

경주 천마총 안에서 나온 하늘을 나는 말 그림은?

시작

알 사랑 축제

알에서 태어난 사람들만 올 수 있는 축제가 열렸어요.
이곳에 올 수 있는 사람은 누구일까요?
카드판에 보물 카드를 올려 주세요.

2권 보물 카드를 준비해주세요.

한국사 수호대는 '경주 한 바퀴' 카드 게임을 신나게 마치고, '알 사랑 축제'까지 휘리릭 둘러보았어요.
번개도둑을 아쉽게 놓쳤지만 신라의 보물까지 무사히 지켜 낸 덕분에 부채를 선물로 받았어요.

어디에 쓰냐고요?
다음 다섯 번째 시간 여행지에서 한국사 수호대를 도와줄 물건이랍니다.
과연, 신라는 삼국을 통일할 수 있을까요?
좋아! 삼국 통일을 위하여 출발~

〈못말리는 한국사 수호대〉의 다섯 번째 시간 여행을 기대해 주세요.
아참, 보물 카드는 버리지 말고 간직해 주세요.
언젠가 꼭 필요한 순간이 올지도 모르니까요.

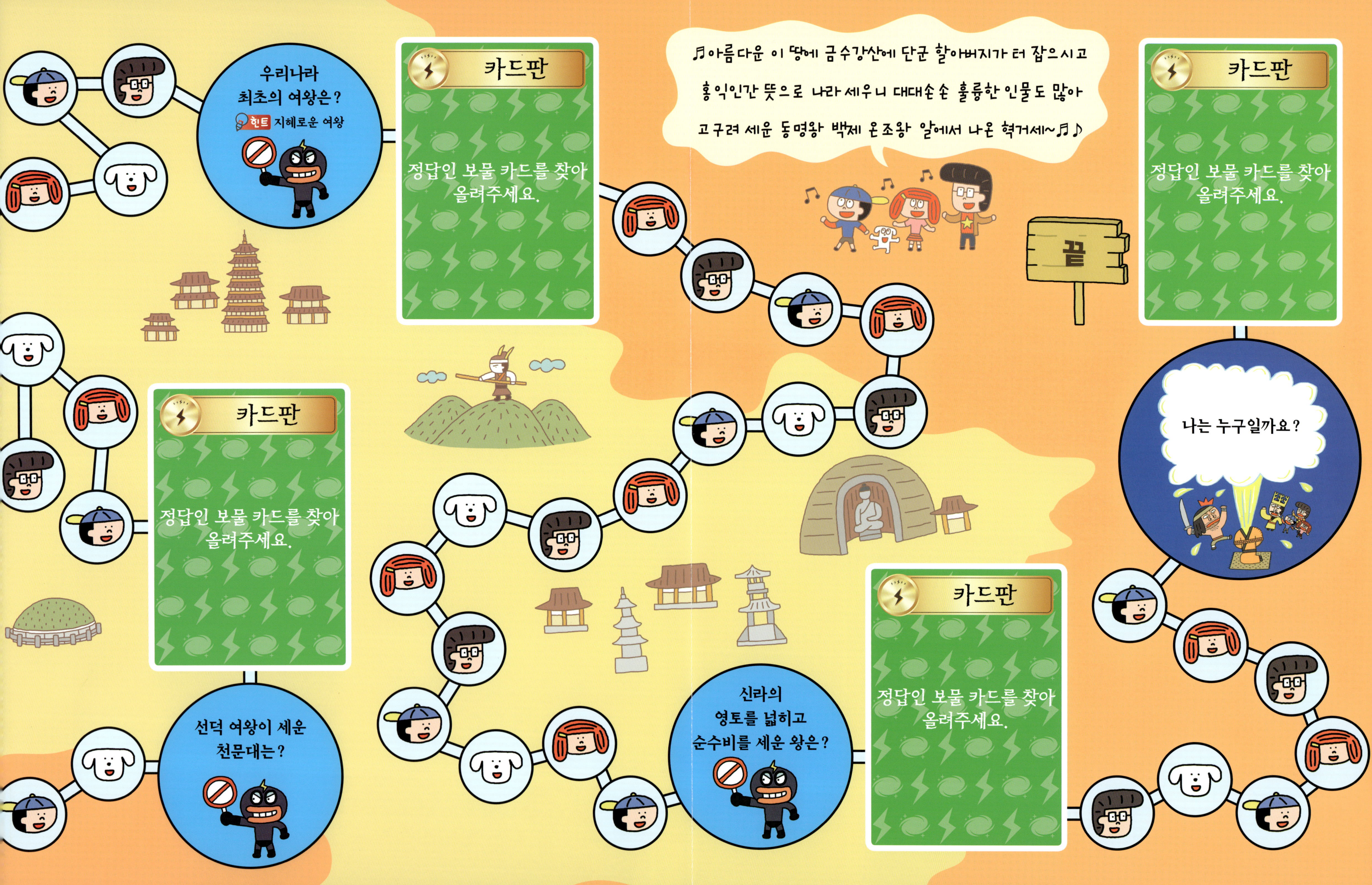

 정답

번개도둑 몽타주 10쪽

2번

박혁거세 17~18쪽

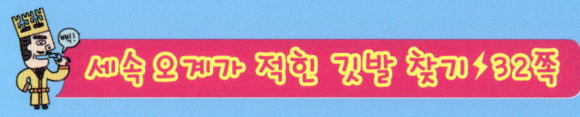

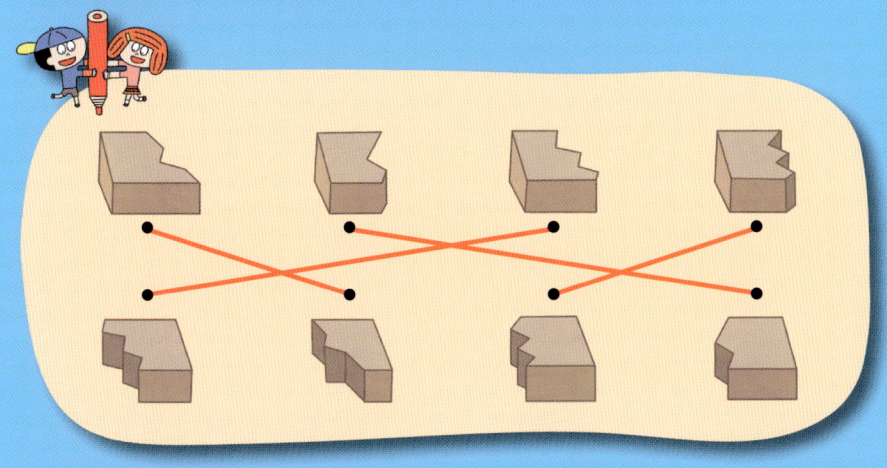

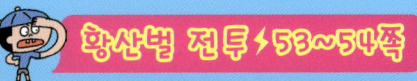

보물 카드

화랑 7

신라
충성을 다짐하며 학문과 무예를 갈고닦은 신라의 인재들이에요.

김유신 3

신라
신라가 삼국을 통일하는 데 힘을 보탠 장군으로 김춘추와 친해요.

이차돈 2

신라
법흥왕 시대에 불교를 위해 목숨을 바친 신라 사람이에요.

첨성대 8

신라
선덕 여왕 때 세운 천문대예요. 별을 보는 높은 자리란 뜻이지요.

천마도 1

신라
말을 탈 때 옷에 흙이 튀지 않도록 늘어뜨리는 말다래에 그려진 그림이에요.

선덕 여왕 5

신라
신라 최초의 여왕으로 향가가 나는 절인 분황사를 지었어요.

박혁거세 6

신라
'세상을 밝게 하라'란 뜻의 이름을 가진 신라의 첫 번째 왕이에요.

진흥왕 4

신라
신라 땅을 크게 넓히고 순수비를 네 개나 세웠어요.

우리 아이 궁금증 해결을 위한
친절한 가이드

우리 아이에게 **우리 역사**를
먼저 만나게 해준 어머님들. 고맙습니다.
우리 아이가 책을 읽다가, 그림을 보다가 엄마에게
질문하더라도 당황하지 마세요.
엄마를 위한 **학습 가이드**를 준비했어요.
엄마가 먼저 읽으시고 우리 아이에게
엄마의 목소리로 친절하게 설명해 주세요.
아이의 **역사적 상상력**이 쑥쑥 자라날 수 있도록
격려해 주세요.

삼국 중 가장 늦게 출발한 신라! 힘내자 ♥

신라는 비록 출발이 늦었지만 지증왕, 법흥왕을 거치며 개혁에 박차를 가하며 차근차근 국력을 쌓아 나갑니다. 그리고 당시의 시대적 변화에 발을 맞추어 나갔죠. 한강 유역을 두고 벌인 고구려, 백제와의 경쟁에서 최종 승자가 되었고 삼국 통일을 이룩하였습니다.

그러니 우리 아이들이 지금 당장 조금 뒤쳐져 있더라도 조바심 내지 마세요.

차근차근 성장하다보면 언젠가 빛나는 순간을 맞게 될 날이 올 거니까요.

큰★별쌤이 엄마에게

고구려, 백제, 신라 삼국 가운데 발전이 가장 늦은 나라는?
네, 신라랍니다.
신라는 삼국 가운데 가장 늦게 고대 국가의 기틀을 갖추었어요.
그 이유는 신라가 한반도 동남쪽에 치우쳐 있고 북쪽으로는 고구려가, 서쪽으로는 백제가 버티고 있어서 선진 문물을 받아들이기가 어려웠기 때문이었어요. 고구려와 백제가 중앙 집권 체제를 갖추었을 즈음인 2~3세기에도 신라는 여전히 왕권이 미약했어요. 박 씨, 석 씨, 김 씨가 돌아가면서 왕위에 올랐기 때문이지요. 또한 내물 마립간 때에는 왜가 침입하자 고구려에 도움을 요청하기도 합니다. 광개토 대왕의 군대는 신라에 침입한 왜를 몰아 내주고 나서 신라에 영향력을 행사합니다.
이런 신라, 어떻게 고구려와 백제를 제치고 삼국을 통일 할 수 있었을까요?

신라, 이제 시작이다!

신라는 내물 마립간 때부터 김 씨가 왕위를 세습합니다. 이제 신라도 중앙 집권 국가로 나아가기 시작합니다. 국력을 키우기 위해서는 개혁과 변화가 필요했죠. 백제는 3세기에 고이왕이, 고구려는 4세기에 소수림왕이 변화와 개혁을 이끌었듯이, 6세기에 들어서면서 신라에도 변화와 개혁을 주도하는 왕들이 등장합니다.
먼저 지증왕은 '왕'이라는 칭호를 사용합니다. 그리고 국호를 '신라'로 정하고 우산국을 정벌합니다. 우산국은 지금의 울릉도에 있던 작은 나라예요. 울릉도와 독도가 신라 지증왕 때 우리 땅이 된 것이지요.
지증왕이 이렇게 개혁의 틀을 마련하였다면 법흥왕은 그 틀을 바탕으로 내실을 다집니다. 법흥왕은 강력한 법에 의한 통치를 위해 율령을 반포합니다. 그리고 불교를 공인하지요. 신라의 불교 공인은 고구려, 백제보다 한참 늦습니다. 그 이유는 귀족들의 반대 때문이었는데요. 법흥왕은 이차돈의 순교를 내세워 드디어 불교를 공인하게 됩니다.
이렇게 변화를 위한 치열한 개혁에 성공한 신라는 6세기 진흥왕 때 전성기를 맞이합니다.

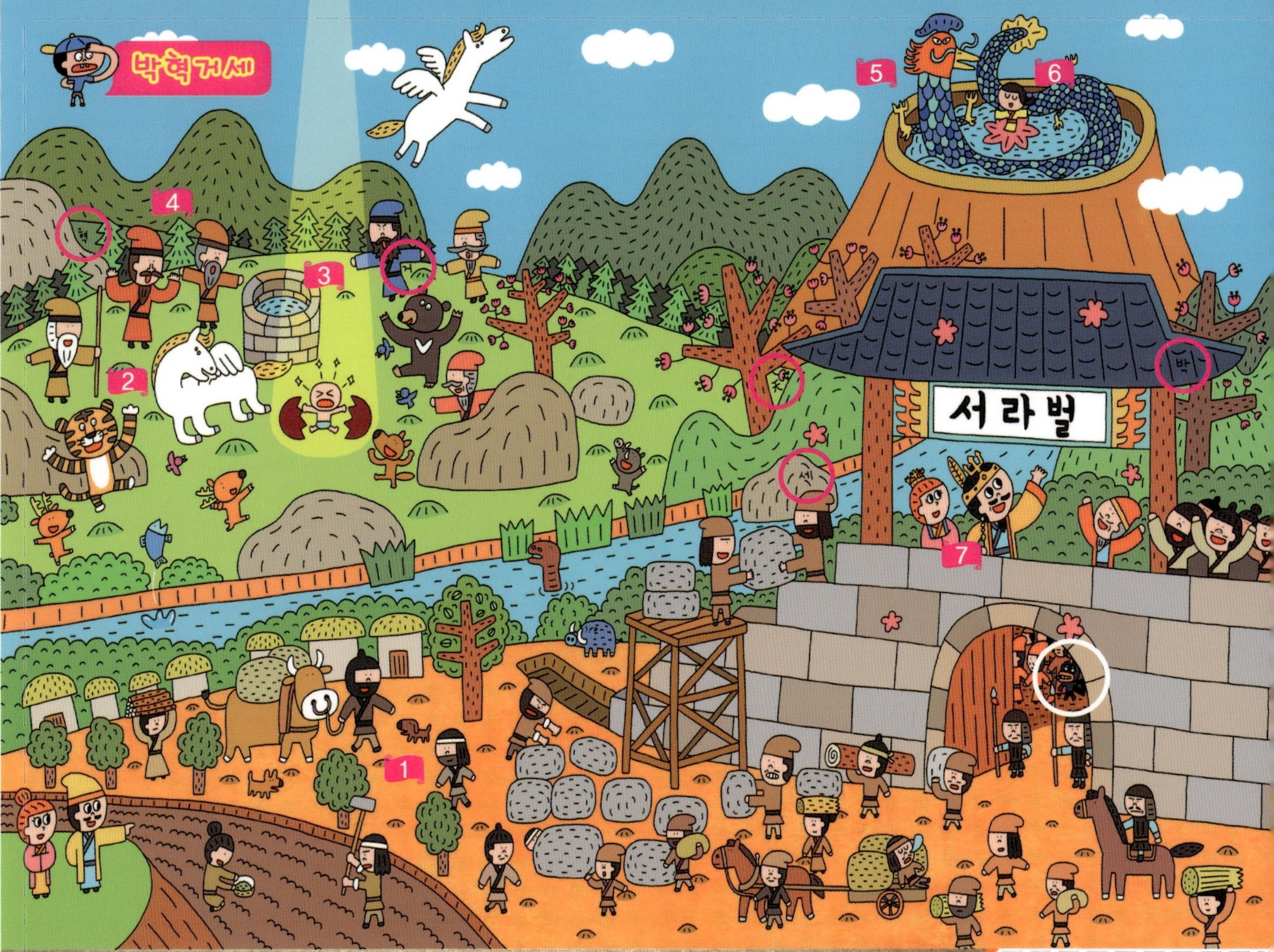

진흥왕, 신라의 전성기를 열다

큰별쌤이 엄마에게

진흥왕은 정복 군주로서의 모습을 보이며 영토를 넓혀 나갑니다. 북쪽으로 영토를 확장하고 한강 유역을 차지하죠. 한반도 동남쪽에 고립되어 있었던 신라에게 한강 유역을 차지하는 일은 굉장히 중요했습니다. 한강을 차지해야 중국과 직접 연결되는 길을 확보할 수 있는데, 그 일을 6세기 진흥왕 때 이룬 겁니다.

5세기 신라와 백제는 고구려의 압박 속에서 나 · 제 동맹을 공고히 하죠. 그리고 한강 유역을 차지하기 위해 진흥왕과 백제 성왕이 연합하여 고구려를 공격합니다. 백제의 근거지였던 한강 유역을 되찾고자 한 성왕과 한강 유역까지 영토를 확장하고자 한 진흥왕의 목표가 딱 맞아 떨어진 것이지요.

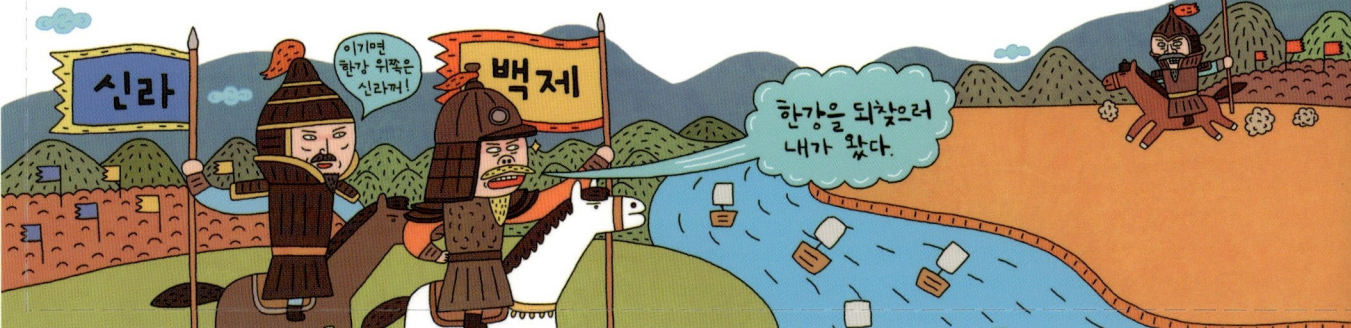

1. 진한의 경주 지역에 여섯 개의 마을로 이루어진 작은 나라가 있었어.
2. 그 나라의 한 촌장이 나정이라는 우물가에서 무릎을 꿇고 울고 있는 흰 말을 발견했어.
3. 그 말은 곧 하늘로 올라가고 그 자리에 자줏빛 알이 놓여 있었는데 얼마 뒤 그 알이 갈라지면서 남자아이가 태어났어.
4. 여섯 촌장들은 이 아이에게 세상을 밝게 비춘다는 뜻의 박혁거세라는 이름을 지어 주었어.
5. 박혁거세가 알에서 태어난 날, 알영이라는 우물에서 닭처럼 생긴 용이 나타나 겨드랑이에서 여자아이를 낳았어.
6. 그 아이는 빼어난 용모를 가지고 있었는데 입이 닭 부리 모양이었어. 사람들이 북쪽 냇물에서 아이를 목욕시키자 부리가 떨어졌고, 그 아이는 태어난 우물의 이름을 따 알영이라는 이름으로 불리게 되었어.
7. 알영이 자라자 사람들은 박혁거세와 혼인시켰어. 이후 두 사람은 서라벌(신라의 옛 이름)의 첫 번째 왕과 왕비가 되었어.

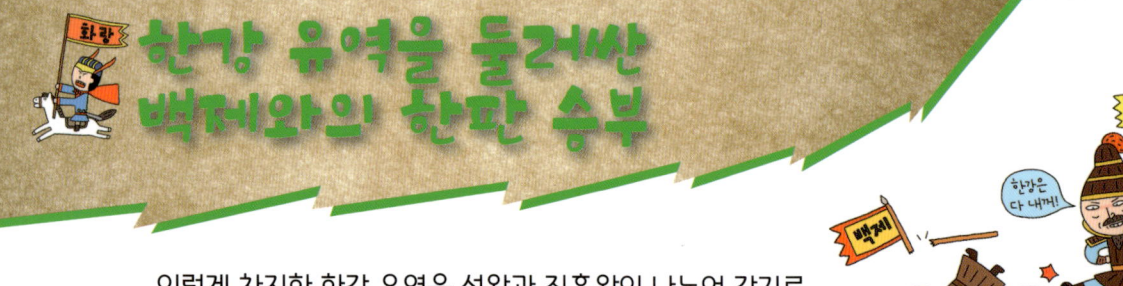

한강 유역을 둘러싼 백제와의 한판 승부

이렇게 차지한 한강 유역을 성왕과 진흥왕이 나누어 갖기로 했으나 진흥왕이 배신합니다. 백제가 차지한 지역까지 밀고 들어간 것이죠. 이로써 나·제 동맹은 끝나고 맙니다.

분노에 찬 성왕, 신라에 전면전을 선포하고요. 관산성 전투가 벌어집니다. 관산성 전투의 승리는 20대 초반의 청년 왕이었던 진흥왕에게 돌아갑니다. 성왕은 이 전투에서 매복조에 걸려 죽임을 당하고요. 이렇게 해서 진흥왕이 한강 유역을 차지하면서 신라의 꿈이 이루어집니다. 드디어 신라의 전성기를 열 수 있게 된 것이죠. 진흥왕은 확장한 영토에 단양 적성비와 네 개의 순수비를 세웁니다. 그 가운데 가장 의미 있는 비석은 북한산비이겠지요. 드디어 꿈에 그리던 한강 유역을 차지하고 세운 비석이니까요. 이제 신라는 당항성을 통해 중국과 직접 교류할 수 있게 됩니다.

한편, 진흥왕은 화랑도를 국가 조직으로 편입하고 군사력을 강화합니다. 화랑도는 청소년 조직으로, 귀족 출신의 화랑과 귀족뿐 아니라 백성들도 들어갈 수 있는 낭도를 함께 일컫는 말입니다. 나중에 이 화랑도가 삼국 통일에 아주 중요한 역할을 하게 되지요.

신라 최초의 여왕, 선덕 여왕

    신라의 제26대 임금인 진평왕이 아들이 없이 죽자 그의 딸인 덕만이 임금의 자리에 오릅니다. 그가 바로 선덕 여왕이죠. 당시 신라에서는 성골만 왕위에 오를 수 있었습니다. 성별보다 골품이 더 중시되었기 때문에 유독 신라에서만 여왕이 등장한 것입니다.

    선덕 여왕은 매우 지혜로웠다고 합니다. 당 태종이 보낸 모란 그림에 나비가 없는 것을 보고 모란이 향기가 없는 꽃임을 알아내었고 영묘사 연못에 개구리가 우는 것을 보고 백제 군사가 주변에 숨어 있다는 것을 알아챘다는 일화가 전해지죠. 선덕 여왕은 또한 불교를 중시하여 분황사를 비롯해 무려 25개의 절을 세우고, 주변 나라들의 침입을 막기 위해 황룡사 9층 목탑을 건립하죠. 동양에서 가장 오래된 천문 관측대인 첨성대도 선덕 여왕 때 세워집니다.

    또한 선덕 여왕은 김춘추, 김유신과 같은 인재를 등용하기도 했죠. 선덕 여왕은 자식을 얻지 못하여 사촌 동생 진덕 여왕이 왕위를 물려받게 됩니다.

1. 법흥왕의 뒤를 이어 신라의 왕이 된 진흥왕은 거칠부에게 『국사』를 편찬하게 했어.

2. 우륵의 가야금 연주를 듣고 감탄한 진흥왕은 우륵의 음악을 신라 궁중에서 사용하는 음악으로 삼았어.

3. 진흥왕은 남쪽에 새로운 궁궐을 짓던 중 황룡이 나타나자 이를 이상하게 여겨 그곳에 황룡사라는 절을 짓고 황금빛의 거대한 불상도 세웠어.

4. 진흥왕은 백제 성왕과 연합하여 고구려를 공격하고 한강 유역을 나누어 가졌지만, 백제를 배신하고 한강 유역 전체를 차지했어.

5. 한강 유역을 차지한 신라는 중국과 직접 교류할 수 있는 길이 생기게 되었지.

6. 진흥왕은 대가야를 정복하고 고구려를 공격하여 함경도까지 진출했어. 진흥왕은 확장된 영토에 단양 적성비와 네 개의 순수비를 세워 이를 기념했어.

7. 진흥왕은 화랑을 국가 조직으로 만들어 인재를 길러 냈지.

짠! 삼국 통일의 영웅 김춘추

　김춘추는 진골 출신 중 첫 번째로 신라의 왕이 된 인물로 삼국 통일의 초석을 다진 왕이죠. 김춘추는 선덕 여왕 때 김유신과 함께 비담의 난을 진압하며 권력을 얻게 되지요. 진덕 여왕 때는 나라 안팎의 일을 두루 담당하며 국정의 중심에 섭니다. 그리고 당으로 건너가 고구려와 백제를 무너뜨리기 위한 동맹을 얻어 내고 돌아오지요. 진성 여왕 역시 자식 없이 죽으며 성골의 대가 끊깁니다. 이에 진골 출신 김춘추가 태종 무열왕으로 등극하게 됩니다. 무열왕은 당과 연합군을 결성하여 백제를 무너뜨립니다. 이제 남은 것은 고구려! 하지만 고구려 정벌을 준비하던 중 무열왕은 사망하게 되고 삼국 통일이라는 위업 달성의 몫은 무열왕의 아들, 문무왕에게 넘어가게 됩니다.

　나·당 연합군은 고구려마저 무너뜨립니다. 전쟁에서 승리하자 당은 한반도 전체를 집어삼키려는 야욕을 드러내죠. 결국 당과 신라가 전쟁을 벌입니다. 바로 나·당 전쟁이죠. 나·당 전쟁의 최대 격전지는 매소성 전투와 금강 하구의 기벌포 전투입니다. 이 두 전투에서 신라가 승리하면서 비로소 신라가 삼국 통일을 이룩합니다. 이제부터 통일 신라가 열리게 되는군요. 그 설레는 이야기는 5권에서 만나볼게요. 아쉽지만 다음을 기약하며….

선덕 여왕

1. 진평왕의 첫째 딸로 태어난 선덕 여왕은 진평왕이 아들 없이 죽자 그 뒤를 이어 왕이 되었어.

2. 선덕 여왕은 매우 지혜로워서 모란 그림에 나비가 없는 것을 보고 모란이 향기가 없는 꽃임을 알아차렸고, 연못에서 개구리가 며칠 동안 우는 것을 보고 백제의 군사가 주변에 숨어 있다는 것을 알았다고 해.

3. 선덕 여왕은 분황사를 비롯한 많은 절을 지어 불교를 진흥시켰어.

4. 분황사 탑은 돌을 벽돌 모양으로 깎아서 세운 탑으로 원래 9층으로 지어졌다고 전해지지만 현재는 3층만 남아 있어.

5. 선덕 여왕은 하늘의 움직임을 관찰하기 위해 첨성대를 짓기도 했지.

6. 선덕 여왕 때는 백제 의자왕의 공격을 받고 여러 성을 잃기도 했어.

7. 선덕 여왕은 백제를 공격하기 위해 고구려에 김춘추를 사신으로 보내 도움을 요청해.

8. 그리고 귀족들의 반란으로 위기를 맞았으나 김춘추와 김유신의 활약으로 반란은 진압되었어. 선덕 여왕은 반란이 일어난 중에 숨을 거두고 그 뒤를 이어 진덕 여왕이 왕이 된단다.

황산벌 전투

1. 김춘추는 진덕 여왕의 뒤를 이어 진골 최초로 신라의 왕이 되었어.

2. 신라군은 황산벌 전투에서 백제의 결사대에 네 번이나 패하게 된단다.

3. 화랑들은 신라의 통일 전쟁에서 큰 역할을 했던 건 화랑들이었단다. 백제와의 전쟁에서 번번이 패한 신라군은 사기가 꺾였어. 그러자 16살 소년 화랑 관창이 백제군을 향해 당차게 나섰어. 계백 장군은 적군이긴 하지만 너무 젊은 관창의 목숨을 빼앗을 수 없었어. 하지만 관창은 포기하지 않고 수차례 백제군 진지로 달려나갔어. 계백 장군은 결국 관창의 목숨을 거둘 수 밖에 없었어. 화랑 관창의 죽음을 계기로 신라군은 힘을 내었고, 결국 전쟁에서 승리를 거두게 돼지.

4. 김유신은 황산벌 전투를 승리로 이끌고, 나·당 연합군이 백제의 사비성을 무너뜨리면서 백제는 멸망한단다.

초판 11쇄 발행 2025년 4월 25일
초판 1쇄 발행 2018년 7월 11일

글 | 최태성, 윤소연
그림 | 신동민
감수 | 모두의 별별 한국사 연구소, 강승임
발행인 | 손은진
개발 책임 | 김문주
개발 | 김숙영, 서은영, 민고은
제작 | 이성재, 장병미
디자인 | 한은영, 오은애
마케팅 | 엄재욱, 조경은

발행처 | 메가스터디㈜
출판사 신고 번호 | 제2015-000159호
주소 | 서울시 서초구 효령로 304 국제전자센터 24층
전화 | 1661-5431
홈페이지 | http://www.megastudybooks.com
출간제안/원고투고 | 메가스터디북스 홈페이지 <투고 문의>에 등록

이 책은 메가스터디(주)의 저작권자와의 계약에 따라 발행한 것이므로
무단 전재와 무단 복제를 금지하며, 이 책 내용의 전부 또는 일부를 이용하려면
반드시 저작권자와 메가스터디(주)의 서면 동의를 받아야 합니다.
잘못된 책은 구입하신 곳에서 바꾸어 드립니다.

메가스터디BOOKS

'메가스터디북스'는 메가스터디㈜의 교육, 학습 전문 출판 브랜드입니다.
초중고 참고서는 물론, 어린이/청소년 교양서, 성인 학습서까지 다양한 도서를
출간하고 있습니다.

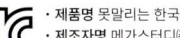
- **제품명** 못말리는 한국사 수호대 4권
- **제조자명** 메가스터디㈜ · **제조년월** 판권에 별도 표기 · **제조국명** 대한민국 · **사용연령** 3세 이상
- **주소 및 전화번호** 서울시 서초구 효령로 304(서초동) 국제전자센터 24층 / 1661-5431